PETIT CATECHISME

OV

SOMMAIRE DES TROIS PREmieres parties de la Doctrine Chrestienne.

Traduit du François, en la langue des Caraibes Insulaires, par le R. P. Raymond Breton Sous-Prieur du Conuent des Freres Prescheurs de Blainuille.

A AVXERRE.

Par GILLES BOVQVET, Imprimeur ordinaire du ROY.

M. D. C. LXIV.

A
MONSIEVR
CLAVDE ANDRE' LECLER,

Escuyer , Seigneur de Chasteau du bois , St. Sire les Antrains , Miniérs & autres lieux.

MONSIEVR,

Ie rends la Iustice à vostre merite, à vostre zele, & à vostre liberalité ; lors que ie vous dédie ce petit liure. Le merite de vôtre vertu exige de mes respects cêt hommage ; quoy que fort au dessous de son excés ; le zele de vôtre charité l'ayant tiré de mes mains, le doit receuoir dans les siennes , pour le mettre en celles des missionnaires Apostoliques, & des sauuages Insulaires : Et vostre liberalité singuliere n'ayant rien espargné pour son im-

A ij

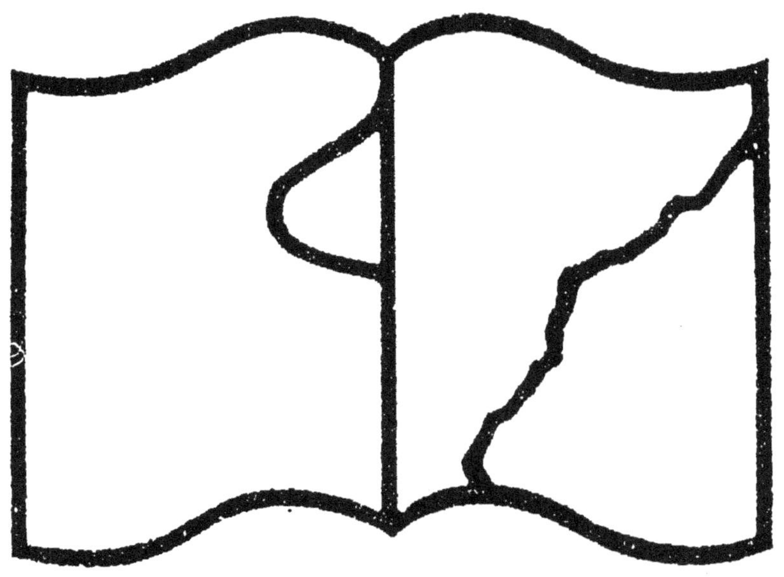

Texte détérioré
Marge(s) coupée(s)

4

pression, demande ce retour de reconnoissance, qu'on ne peut
luy dérober sans ingratitude.

Nos Isles sçauront, à qui elles auront l'obligation de
ces preludes Chrestiens; les infideles Caraïbes estant con-
uertis beniront eternellement cette main, qui y aura si
puissamment contribué, enfin l'Eglise fera connoistre, que
ses enfans ne cedent en rien en prudence à ceux du siecle,
puisque si ceux-cy conquerent des terres esloignées auec vne
industrie si penible; les siens conspirent à la conuersion de
ames les plus inconnuës, par des soins si empressés comme
les vostres.

A peine auiez-vous sçeû, que i'auois composé ce petit
trauail, lors que i'estois aux Indes: que vous n'auez si
souffrir plus long temps son inutilité ny son silence: & sça-
chant qu'il estoit le plus necessaire moyen pour instruire &
les Maistres d'vne langue barbare, & les Disciples du
mysteres diuins de nostre foy; vous auez employé tout ce
qui estoit necessaire, pour m'obliger á le mettre au iour: Et
faciliter aux vns & aux autres l'auguste employ, le
fruicts sacrés, & les merites eternels des missions Apostoliques.

Pleust á Dieu, Monsieur, que les personnes zelées eus-
sent veû, comme vous, le miserable estat de ces pauure
Sauuages en nos Isles; leur cœurs seroient touchés de com
passion, aussi sensible que le vostre, en consideration de
leurs ignorance, qui les fait esclaues de satan, faute de per
sonnes qui les instruisent: & leur zele s'efforceroit comm.
vous faites, de leur procurer le bon-heur de la gloire, que
le sang de Iesus-Christ à merité pour tous les hommes: car

si la nature les a priué d'vne force d'esprit assez perçante,
pour découurir la verité des sciences les plus subtiles, la do-
cilité de leur complexions m'a fait assez connoistre en leur
conuersation, qu'ils ne sont que trop capables d'estre in-
struits dans celles de la foy, s'ils estoient cultiuez par l'edu-
cation de la charité. Vous en auez fait l'experience assez
heureuse pour vous engager aux soins, fatigues, & dépen-
ses de leur seruice : pour m'obliger à vous donner tout ce
que ie scais de leur langue : Et pour vous conuier de con-
seruer les bonnes volontez que Dieu à fait naître en vostre
cœur pour ses pauures mal-heureux : de continuer ce que
vous auez heureusement commencé pour leur conuersion :
Et de me croire auec autant d'amitié que d'estime & de
respect.

MONSIEVR,

Vostre tres obligé, tres obeyssant & tres
affectionné seruiteur en Iesus-Christ, Frere
Raymond Breton Religieux de l'ordre
des Freres Prescheurs.

ADVIS

AVX REVERENDS PERES
Missionnaires.

MES tres-honorez & tres chers Peres, qui estes fauorisez par le choix de Iesus-Christ le Sauueur vnique de tous les hommes de la tres auguste qualité de Missionnaires Apostoliques pour la conuersion des Infideles Insulaires. Il y a plus de dix ans que ie gardois ce Catechisme en France, ie l'auois composé en l'Isle de la Dominique, & conferé au mon retour auec les plus anciés des Sauuages, & de nos François les plus versez en leur langue pour a verifier la traduction: comme il doit tomber en vot mains i'ay creû vous deuoir les aduis suiuants pou son vsage.

1. La langue des Caraïbes estant fort sterile pour le commerce, l'est encore plus eu égard à nostre Foy comme ils n'ont ny Religion pour le vray Dieu, ny croyance pour nostre Christianisme, ny morale pour leur conduite, ny vertu, ny vice, ny peché ny grace, ny saincteté, ny sacremens; aussi n'ont ils pas de termes pour les exprimer. Cette disette

fait que ie n'ay pas acheué la quatriéme partie de ce
catechifme qui traitte des facremens, des vices &
des vertus, que ie me fuis ferui (quoy que raremēt)
de mots équiuallēts dans ces trois premieres que ie
vous donne: Et que ie ne pretend pas auancer toutes ces expreffions pour des mots ortodoxes: Puif-
que le Barbare de cét idiome n'eft pas affez inftruit,
pour cōpofer des termes expreffifs de nos myfteres.
 l'ay fait en mon entrée vn petit dialogue, pour
vous introduire à leur abord, felon leur ciuilités fau-
uages: afin de ne vous pas rendre ridicules auprés de
ces peuples, affez gauffeurs: lors qu'on eft fauua-
ge à leur égard, en n'obferuant pas leur façons de
faire, & pour captiuer leur bien-veillance.
 l'ay traduit dans le corps de ce petit ouurage l'an-
fié catechifme du Diocefe de Paris, quafi mot pour
mot: comme le plus methodique; y inferant toute-
fois ce que i'ay tiré de quelques autres, & qui m'a
paru neceffaire à ces peuples infideles qu'on ne fup-
pofe pas, mais qu'on veut rendre Chreftiens.
 l'ay adioufté à la fin vne chanfon groffiere en leur
langue. Ie leur compofé à la Dominique vn iour
de l'Affumption triumphante de la Vierge, les en-
tendant reiterer fouuent ce mot (*fouillantine*), n'en
ayant pû retenir d'auantage. C'eft pour dōner quelque occupation Chreftienne à leurs oyfiuetez, quelque vtile matiere aux melodies de leur flutes, qui
les diuertiffent affez fouuent: Et les defabufer de
leur Boyez qui leur font redouter diuerfes diuini-

rez: Et croire, que leur Dieux les esleuent aux Cieux frequemment apres les auoir consultez dans leur besoins.

5. Lisez le Sauuage comme le François, à la reserue de ce qui suit.

Ie marque par des accens aigus les syllabes longues, & sur lesquelles il faut appuyer.

Les lettres *i*, & *u*, ne sont iamais consonantes.

Ou, se prononce tousiours côme, l'*v*, des Grecs, sans qu'il soit besoin de points.

Les ê feminins, comme *ie te*, seront marquez du circumflexe; les autres se prononcent comme au latin, *Domine*, sans qu'il soit besoin d'accens aigu.

L'vsage vous rendra sçauants. Prestez seulement l'oreille à la prononciation des Sauuages, & dittes comme eux; à moins que cela vous ne vous formerez pas au langage, ils ne vous entendront pas, ou ils se railleront de vous.

Sur tout ie vous coniure de tout mon cœur d'aymer les paunres ames : Pour lesquelles Iesus-Christ à versé son sang; de vous employer à leur conuersion, & de prier pour celuy qui à trop offencé Dieu pour meriter de mourir dans ce ministere : Et qui s'estimera assez heureux de concourir auec vous par ce petit trauail.

Aux Caraibes de la Dominique.

MES chers amis.

Plusieurs années se sont écoulées depuis mon depart de voſtre Iſle, pendãt tout ce temps là, mon corps à eſté eſloigné de vous mais non pas mon eſprit ny mon cœur, par-ceque vous eſtes (comme nous) l'ouurage de Dieu à ſon Image & ſemblance. C'eſt le deſir du ſalut de vos ames, qui m'auoit porté à demeurer le premier auec vous: Et cóme ie ne puis plus vous inſtruire des myſteres de noſtre foy(ſans laquelle il vo⁹ eſt impoſſible d'aller au Ciel) par moy meſme, à cauſe de mes infirmitez, l'ay tra-

Nhibónam Oũàitoucouboulina.

K Ibaouánale.

Tamigati-ali chiric nao táocheem iueremali houbàoulou-cheem yéte , neúcaí niàmum hiouíte ácae éucapa-lo iouáni (liuecàbouli homaneguê , lipitágamakia icheiri) hoária-enli yeubou toubalibouca uinéri himále icóigne ſanyan-coacá nampti ao-mani atálara huinamoingali echemetácani hibonam , toroman ianeglócotemèriheu iboonam Kayeù matarirati homaneguê oubecou-oñcouni tiouíne , touago-enli abaulétaca noũbali tebémali niantou abáguetagle Kiriſſiannêtou ariàngonê Pfrancé nhabároua paráini , chetei hómani-baranum nharóman. N ious-

cai homan-le nhibōnam e
caignẽ atarira-mbèm hibo-
nam, canneti Kialam cheu,
Kácouignoucoua hóattica
nheolam, tibouinabátiheu
hibonam cachi tibouinahó-
balibouca ibonam : Capa-
couatibanũ heyenócali nhi-
bonam, cheremaintontiba-
rum nhiouáni hone. Ima-
meleguê imameleguê acha-
capábali inebettêtêti liouine
ni-Chesu-icheiricou, heche-
méracoukia, toubara incha-
laniem ramigati hóne : ac
amien tóubara cháoua lane
hiouáni láboua: inegle toubara chiouámainlanum ne-
krurechéroni háocheem: bou-
loucoua hómanibara Kiris-
sianc̃-mhém, rocoya bonále
laignoum rurágoni hoouágo.

Kibaouáncle.

Hábouyoucou
Baba Raymon.

duit l'abbregé de noſtre
croyance du François en
voſtre langue, afin que
nos Peres, & les voſtres
qui vous iront voir, puiſ-
ſent vous rendre ce bon
office. Ie vous coniure
par noſtre ancienne ami-
tié de les bien receuoir,
lors qu'ils iront à vous:
de les écouter, lors qu'ils
vous enſeigneront: Et de
leurs obeyr, en ce qu'ils
vous commanderont. Ils
vous aymeront comme
ie vous ay aymé, ils ſou-
ffriront vos foibleſſes, &
vous feront volontiers
plaiſir. Ie ſupplie IESVS
mon Dieu, & le voſtre,
de vo⁹ en enuoyer beau-
coup, de vous toucher
le cœur: & d'exaucer les
prieres continuës que ie
faits pour vos cõuerſiõs:
n'ayant autre deſir, que
d'eſtre touſiours.
Mes amys,

Voſtre ſeruiteu
Pere Raymond.

Entretien Preliminaire.	Tibanamàtobou Toubàroua tomptou.
Le Religieux.	Paráini.
BOnjour mon fils.	**M**Abouic Im.
Le Caraibe.	Callinago.
Bonjour mon Pere.	Inna Baboue.
Le Religieux.	Paráini.
Vous portez vous bien?	Attouàtientibou ?
Le Caraibe.	Callinago.
Assez bien.	Aoüere-avichitina.
R. Ou allez vous?	P. Alliabaribou ?
C. Ie vas au bord de la Mer.	C. BalánaKa-oni.
R. Y a-il long temps que vous estes icy?	P. Binalecátibou yara ?
C. Ie ne fais que d'arriuer.	C. Icoigne anichitina.
R. Par ou estes vo[us] venu?	P. Allidcheem biouàhouli?
C. Par la grande terre.	C. Couchàalaoua-cheem.
R. Que venez vous faire icy?	P. Cat-ouago entibou yete?
C. Ie viens vendre ma marchandise.	C. Touago entina nebèmali.
R. en auez vous encore?	P. Kebecitinatibou ?
C. Non, i'ay tout distribué.	C. Mebecitinatina, chimàoue noarou.

P. _Itouba biuerēmali?_

R. Quand vous en retournerez-vous?

C. _An-an; chouboútoüi niábonum._

C. Ie ne sçais pas, i'aduiseray.

P. _Niballêtêmaïn-arou balanna?_

R. La Mer est-elle bien rude?

C. _Oüa: nitanain-arou-xid,_

C. Non, elle est toute calme.

P. _Laba-labatou boucoüni?_

R. Vostre canot n'est-il pas volage?

C. _Caçeigoutou._

C. Non, il est bon.

P. _Jchic-hamoücana oüaitoucouboulilám!_

R. Ie voudrois bien estre à la Dominique!

C. _Eoüalaba nómam; chálee noübátibou._

C. Attédez moy; ie vous y passeray.

P. _Cheregamain-noübátibou, nabaqüetoubatibou-mhem torómian, catitouba bachixera manoüeregontou-ckeem iouáni tirocon aoüeregontou._

R. Vous me ferez plaisir, ie vous apprendray pour cela le moyen de passer de cette vie miserable à la bien-heureuse.

C. _Catitouba noróman?_

C. Que feray ie pour cela?

P. _Kirissianê batibou-mhē._

R. Vous vous ferez Chrestien.

C. _Ecbeipa coüaca-anum Christe nitango bindle, kirissianê noúbaliü?_

C. Mes ancestres ne l'ôt pas esté, pourquoy le serois-je?

P. _Nianoüantou itaratou ariangle.youlicoüa nha-_

R. Ce raisonnement la n'est pas bon. Mes deuá

ciers ont failly, donc ie
veux faillir auec eux.

C. Mais ie ne puis souf-
frir les vestemens com-
me les Chrestiens.

R. Quand ie vous dis,
que vous vous fassiez
Chrestien, ie n'entend
pas dire qu'il est absolu-
ment necessaire que vo°
vous vestiez (quoy qu'il
seroit bien à desirer) :
mais biẽ que vous croy-
ez que Iesvs-Christ est
Dieu, & que vous gar-
diez les commandemẽs.

. Ie ne me desseray pas
: mes femmes.

. Vous n'en aurez qu'-
ne seule.

. Le monde se moc-
quera de moy.

. Laissez le faire, qu'i-
rte, pourueu que vo°
siez bien.

l'ay peur que les
eux des Sauuages ne
us tuẽt : n'en auez

---

manuago nitango nhau, you-
licoua-coulee noubali ao.

C. Amouti lixana boulic
kacamichenti nhioualale ba-
lanagle couatio.

P. Ebechouaba Kirissianẽ-
mhem, acan haman bone,
icalẽtẽpa nahamouca ron-
tóᵏa. Cacamichenẽba bou-
lékia, (acae-catou áouere
hamouca) : irheu toka hamouca amien, inálétákia
bónicoua chẽmyn lãne Che-
su-Christ, inécouba chama-
ingaygarou bonttica léolã.

C. Chibou nain numpti nia-
nium.

P. Abana-lic tauba piáni.

C. Chinhácaecoua nhanyén-
lina bouitonum.

P. Chinhacae-coua-nhan-
yenlibou-kia: aouere aouere,
acanum iropom baman pa-
nigouati.

C. Chinouinouboui numpti
touária laparonibou nharoman chemeignum : manou-

boutetibou nhóarari.

P. Canoúboute couatic ná-ha-cetoú-kialam? chemei-gnum boulekialam, mapo-ya sagaignem. Indra bonam canoubouteem hamouca a-cana manbatisseroni hä-mouca.

C. Catitouba acana-mhem abatisseracoua?

P. Pebechouabatibou-mhem limoulou icheiri: ni-bacaibatibou-mhem touá-ria tacotonibou nhimále mapoyapum: inegle binico-tamali abou, inhonibatibou mhem loman icheiri, ima-rêpa-tanibara laoueregonê picüánni. Tokoya mhem bo-nále binamaingali. biüeken-neni, aca lerénali piouani.

C. Batisse-nha-mhen-lam!

P. Mignále amanle? tocan boulic inále, panimatoni-Kia.

C. Mignalenti-éagána-lam, inhacapa numpti.

vous pas peur?

R. Pourquoy les crain-drois-je? ce ne sont pas des Dieux, mais des Dia-bles: cela se pourroit biê faire si ie n'estois pas bap-tisé.

C. Que me reuiendr-t'il si ie me fais baptiser?

R. Vous serez fait enfä de Dieu: vous serez af-franchi du feu d'enfer:& de la compagnie des Dia-bles, & apres vôtre mon, vous irez au Ciel, ou Dieu vous rendra heureu pour jamais. C'est l'hon-neur, le profit, & le plai-sir que vous en receure.

C. Ie me feray donc bap-tiser.

R. Le voulez vous to-de bon? vous ne ditte pa vray, c'est que vous ral-lez.

C. Ie parle serieusemê ie ne raille pas.

R. Mais ce n'est pas assez de vouloir; il faut encore les dispositiós au baptesme, ie vous les moutreray quád nous serons arriuez.

C. Mon Pere comment se fera cela? vous n'entendez pas la langue des Caraibes.

R. I'ay vn catechisme que Monsieur Chasteau du Bois, Compere d'Imanan, qui estoit auec le Pere Beaumont à la Dominique en la Case d'Inerouai, à fait translater.

C. Oüy? c'est assez, ie n'occuperay à l'apprenre; ce sera toute mon stude.

P. Aouere tauba boulic Lika couatic inoura-cióña taoüem boüeagoñe toubarabachibóni, allire-ba cheteibonum noróman, oüatárironi.

C. Catitouba baboue, cnétapa bompti nheólam callinágoyum.

P. Inoüraim nóman Tabáqaeaglé chebémain árouton loróman Chasteau du Bois, litignaon imaoüan, laboureem-bouca de Beaumont Parainí alou-abali acamichen, eremabali bouca üimãneta-rocouni Ime.

C. Inale-caió baboué, aoueré, niouellecaebátina touágo, tocoyá-boñale iuegnebatobou-mhem.

Ie laisse les mots d'Eglise, de Trinité & Charité, n'en ayant d'autres assez significatifs en Sauuage. A essein ie me sers du langage le plus vsité, & du mot e Kirissiané, parce qu'il approche plus de son prinipe, sçauoir de Christe.

AVDITE INSVLÆ, ET
ATTENDITE POPVLÍ
DE LONGE.

## Petit CATECHISME, ou Abbregé de la Doctrine Chrestienne.	## Niántou Abáquêtagle, Aíti Nianquetatoúbaron abáquetoni Kirissiánnêtou

Premier entretien du nõ du Chrestien, & de la Doctrine Chrestiẽne.

Yeheuboutou ariángle touagon tiri, ac amien touagon tabáquetoni kirissiannêtou.

Tallaquêrácani.

Demande.

Estes-vous Chrestien?

Responce.

Ouy par la grace de Dieu.

Kirissianê ámanle?

Teoúcouli.

Ao toróman lacbibanabouirenni Icheiri.

Demande.

Qui est celuy que l'on doit appeller Chrestien?

Responce.

Celuy lequel estát baptisé croit, & fait professiõ de la Doctrine chrestienne.

Tallaquêtacani.

Cate enli Kiri-abali Kirissiannê-mhem?

Teoúcouli.

Liaxia Kabatiffé-yonaámoftii, chenebouiqueti-bali-Kia laúnicoua Kirissianê láne, moingattê-bali-Kiaya ton nhabáquetoni kirissianê.

Tallaquêtacani.

Demande.

Qu'est-ce que la Do-

Cátanum itagátou aba-

G

quetonièm-barou?
Teoúcouli.

Tókoya ariánga lomptou
ouábara Chefu-Chrift ouá-
yonboutoulicou acaébouca
noúlouxéyoua monha ouá-
go: tokoya amien abaquê-
toutoutou huibónam toromã
Sanctê Eglifê emerígoutou,
apoftoliquêtou , rpmê oni-
kiaya tomptou.

Tallaquetácani.

Acamba tahámoucara
couatic ouáóne méme?

Teoúcouli.

Acámba ; acaoua nibá-
cai ouauan-hámouca.

Tibouicle ariángle Touágon Kiriffia-nê ocótobou.

Tallaquetácani.

A Llia-itiem ocótobou-
yem lône Kiriffiané?
Teoúcouli.
Sanctê àbairágone iaqua

&ctrine Chreftienne?
Refponce.

C'eft celle que noftre
Seignr Iefus-Chrift nous
à enfeignée lors qu'il viuoit fur terre, & que la
Saincte Eglife Catholi-
que, Apoftolique, & Ro-
maine nous enfeigne.

Demande.

Eft-il neceffaire de fça-
uoir la Doctrine Chre-
ftienne?

Refponce.

Ouy ; fi nous voulons
eftre fauuez.

Second entretien du Signe du Chreftien.

Demande.

Q Vel eft le figne du
Chreftien?
Refponce.
C'eft le figne de la Ste.

Croix, parce que noſtre Seigneur nous à rachep-tez en icelle.

Demande.

Comment le faites vous?

Responce.

Ie le fais, mettant la main droite à la teſte, & à l'eſtomach, & puis à l'eſpaule feneſtre, & dextre, en diſant : Au nom du Pere, & du Fils, & du Sainct Eſprit. Ainſi ſoit-il.

Demande.

Pourquoy le faites-vo' ainſi?

Responce.

Premieremét pour me remettre en memoire les perſonnes de la Saincte Trinité : Et puis apres la mort & paſſion de Ieſus-Chriſt, lequel s'eſtant fait hómme, eſt mort pour nous en vne Croix.

-enroukia, kebecikêta lannuágooua Kriſtê ouaboulé-me touágon.

Tallaquetácani.

Catitiem tabáquêtagonê boróman?

Teoúcouli.

Itara tiem, ro námem niáum nerébe, aca nanichi-roconê ouágo, imegle neche ouago noubáana-ábarau-cheem, acouyou-coúaya ny-aimcheem neche ápourconê, tábou itagatou ariangone : letirocou ioúmaan, ac imá-cou, aca ſanct acanſancou-han-hancatou.

Tallaquetácani.

Itara-coaya-toúbali bo-róman?

Teoúcouli.

Toúbara yeúbou tanc itouallémali Sancte Trinite Itánoncou, innécouba tou-ále nanibara ton lahouceni, lapagoni-kia Cheſu-Chriſt, ebechouayona ámouti oue-gélli-mhem, háouée lané-gue touágonê tabairágonc ouáboulita.

Tallaquetácani.

Cat·ouágo amien?

Teoúcouli.

Kichigati lanuágo, Cachibanabouireátiti-kia huichériri nhibónam kiríssianê acanêouállacoua-hamã nhinamoingali, nhanioúloutoni-kia tône.

Tallaquetácani.

Itta-mhembenkia babaquetoua?

Teoúcouli.

Binálepoule noubácali ouállale, coyenóni acan ánhouyoura-kioua, na pourieroúrouni at áreli-abou, acan ebélouura-kioua tirocon elemecheragléhcu, acan teuketaátina noúcabo tirocon tone benidmoutou, naikini ouágo iouátaguimali-bara, nancúboute ouari, acan acoúnnoucamoni-atina, nabaquetae nouago-coud.

Tallaquetácani.

TóKoya-lic-yénranum abáquetaca Kiríssianê?

Demande.

Et pourquoy encores?

Responce.

Pour ce que nostre Seigneur donne beaucoup de biens & graces, en vertu de ce signe, quand on le fait auec vne vraye foy & reuerence.

Demande.

Quand le faites vous?

Responce.

Le matin quand ie me leue, le soir quand ie me couche, au commencement de ma priere, en entrant à l'Eglise, lors que ie prends de l'eau beniste, quand ie vas prendre ma refection, auant mon trauail, quãd ie suis saisi de crainte, & lors que ie me trouue en quelque danger.

Demande.

N'y à-t'il que cette seule marque du Chrestien?

Responce.	Teoúcouli.
Il y en a encore vne: mais elle n'est pas visible, c'est la foy, i'en parleray bien-tost.	*Inoúra-Kíaua á mien, enépatou, moíngali-enrou kia, allíre-mhém Kariangléna touágo.*

Troisiéme entretien de la fin de l'Homme.	Lélouannê ariángle touágon liueké-bouli ouekélli.

Demande.	Tallaquetácani.
A quelle fin à esté creé l'Homme?	*Cat-oúbara linecábouli oueRélli?*
Responce.	Teoúcouli.
Pour connoistre Dieu, & par la connoissance d'iceluy, l'aymer, & luy obeyr; & par ce moyen obtenir la vie eternelle.	*Toúbara lachouboutouíroni Icheíri, libouinárobou-mhém, linamaingátabou-kia lóne, nhanKiá bonále latariragonê ton imátepaiouánni.*
Demande.	Tallaquetácani.
En quoy consiste cette vie eternelle?	*Allia-írocou-yenrou imá-têpatouiouánni, tucáoarouē*
Responce.	Teoúcouli.
A voir Dieu face à face, & ioüyr eternelle-ment de luy.	*LariKiní rocouni Icheíri manchanchóntou.*
Demande.	Tallaquetácani.

Itiénroù hámouca lóne Kirisſianê toũbara latáriro-
neton limátecaonï roucoũ-
ni, liuebéçalibara-qîa ?
Teoúcouli.
Ouácabo ápourcou-yĕn-
rou, moíngali, emenìchí-
raeu, tibouínaca-oni, San-
ctes Sacremens, ac ámien
îropon anígouati.

Combien de choſes
ſont neceſſaires au Chre-
ſtien pour paruenir à ſa
fin, & ſe ſauuer ?
Reſponce.
Cinq, la Foy, l'eſperan-
ce, la Charité, les Saincts
Sacremens, les bonnes
œuures.

Tabánani ichágali nhabáquêroni Kiríſſianê.

Premiere parties de la Doctrine Chreſtienne.

Yeheúbourou ariángle
touagon moíngali.
Tallaquerâcani.
C At áo bachoubouto-
uiroyénli-chemyn ?
Teoúcouli.
Táo moíngali.
Tallaquerâcani.
Caran moíngali barou ?
Teoúcouli.
Linoúbali énrou-Kia ì-
chìiri, huinamoing átoubou-
mhêm libánam, tóni-Kia

Premier entretien de la
Foy.
Demande.
C Omment connoiſ-
ſez-vous Dieu ?
Reſponce.
Par la Foy.
Demande.
Qu'eſt-ce que la Foy
Reſponce.
C'eſt vn don de Dieu
par lequel nous croyons
en luy, & tout ce qui

reuelé à son Eglise.

Demande.

Qu'est ce qu'il luy a re-
uelé?

Responce.

Le Symbole des Apo-
stres en douze articles, &
les choses dépendantes
d'iceluy.

Demande.

Recitez-le ?

Responce.

IE croy en Dieu le
Pere tout puissant,
Createur du Ciel & de la
terre.

Et en Iesus-Christ son
fils vnique nostre Sei-
gneur.

Qui à esté conceu du
sinct Esprit, né de la
Vierge Marie.

Lequel à souffert sous
ponce Pilate, à esté cru-
cifié, mort, & enseue-

lariángone toubároüa eglise
Tallaquetácani.

*Cáte lariángoniem tou-
bároüá ?*

Teoúcouli.

*Huinamóingali anágané
biamábarou laóyagone ouá-
cabo méme apatarágoni,
Kibouislétium kìaya tóni.*

Tallaquetácani.
Chioállet ebanum.

Teoúcouli.

1. Moingátêtêna li-
bonam Icheiri io-
úmaan ouboútougou-mé-
meti; chícaboüítinum ou-
bécou açá monha.

2. Aca libónam Chésus
Christ lamolnteree ouáyou-
boutoulicou.

3. Ebechoüoúti ouequélli-
mhem loróman sanct acan-
cáncou, neúmainti táo Ma-
ria Viergê-óca.

4. Apagouti lábouchéem
Poncê Pilatê, atarouoúti
touagonê tabairágone, a-
houeéti, achonamoinrou-

oúti-Kia.

5. Nántitiri tourali-rócou-ni ; lelouanê ouágo huéyou noubacaíti nionine neKeiálium.	5. Est descendu aux Enfers, le tiers iour est ressuscité de mort à vie.
6. Aoualirououti oubecouágoni, aniourououti liáumácoucheem lioúmaã oubourougou ménieti.	6. Est monté és Cieux, est assis à la déxtre de Dieu le Pere tout puissát.
7. Nyaim-theê ném-bonibali toúbara lachouboutoui-roni nhóuágo caquêqeinum ac ahcueêtiũ.	7. D'où il viendra iuger les viuans & les morts.
8. Moíngattêtêna libónam Sanct acansáncou.	8. Ie croy au Sainct Esprit.
9. Ton eglise emérigoutou, tóni-qia átariragonê Sãcts.	9. La Saincte Eglise Catholique, la communion des Saincts.
10. N hénocaten eullcúli.	10. La rémission des pechez.
11. N héqéric oubácali.	11. La resurrection de la chair.
12. Manchónchóntou-qia iouáni hán-han-catou.	12. La vie eternelle. Ainsi soit-il.

Tallaquetácani.	*Demande.*
Catícáboulí lica moingattêtêna.	Qui a fait le Credo ?
Teoúicouli.	*Responce.*
Licáboulí-qia biáma ti-	Les douze Apostres
	lors

lors qu'ils voulurent aller prescher le Sainct Euangile par tout le monde, afin d'enseigner à to͏̃ vne mesme foy, & Doctrine.

bátêli ou ácabo ápourcouni Inchaquetouoútium loró mã khríste, toucoúra chiboulébouicoua nhábali nhoariocoua, toúbara emerigoutane iropom-bali icalieu, abáqueta nhámanibara-Kia nhaúne-woúbae amoinKia moingali, ac abaquetoni.

Second entretien. | ## Lapourcou ariangle.

Demande.

VOus dites que vous croyez en Dieu, qu'est-ce que Dieu?

Responce.

C'est le Createur du Ciel & de la terre, & le Seigneur vniuersel de toutes choses.

Demande.

Dieu a-t'il eû cõmancement?

Responce.

Non, & si il n'aura point de fin.

Demande.

Tallaquetácani.

MOingattêtêna libónaw Icheíri, boúbali none, cate Icheíri-baly.

Teoúcouli.

Lica chicabouítinum oubécou aca monha, lica-Kia emériti-bali ouboutoúmali nhouágo méme bonále.

Tallaquetácani.

Natataéali Icheíri han-han-Kia?

Teoúcouli.

Atátêlipatí, imatepá-bali-kia.

Tallaquetácani.

Acambouée ocaarde auti iKennétou ?

Est-il esprit, ou matiere?

Teoúcouli.

Responce.

Acambouee-lic, iKennetoupa-couaca-oxa.

Il est vn pur esprit sans meslange d'aucune matiere.

Tallaquêtácani.

Demande.

Açai liKia ?

Ou est-il ?

Teoúcouli.

Responce.

Iraim monha ouágo, ou becoúroucouni, eméritou latárironi, larixini, la-chouboutouíroni : iróponti, iroúpati, Kicalámaintï, ouboutoúgouti, canichicoti nhiouíne huéyoubouKenbonále.

Au Ciel, en terre, & en tout lieu, il voit tout, connoist tout, il est bon, beau, liberal, puissant, & sage plus que toutes les creatures.

Tallaquêtacani.

Demande.

Itiennê cheméignum ?

Combien y a t'il de Dieux ?

Teoúcouli.

Responce.

Abana-lic.

Il n'y en a qu'vn seul.

Tallaquetácani.

Demande.

Mibe nhabalia ?

Pourquoy n'y en a-t'il pas plusieurs.

Teoúcouli.

Responce.

Kibe nhamanuágo acaignem haman-hámouca, a-moumïtécoua-nhaman-ha-

Parce que s'il y en auoit plusieurs ils auroiét quelque difference les vns

d'auec les autres : de pl°
le plus grãd pourroit de-
ftruire le plus petit, or ſi
ce petit pouuoit eſtre de-
ſtruict il ne ſeroit plus
Dieu.

Demande.

Qu'eſt-ce donc que la
Sainĉte Trinité ?

Reſponce.

C'eſt le Pere, le Fils,
& le Sainĉt Eſprit, trois
perſónes en vn ſeul Dieu.

Demande.

Le Pere eſt-il Dieu ?

Reſponce.

Ouy.

Demande.

Le Fils eſt-il Dieu ?

Reſponce.

Ouy.

Demande.

Le Sainĉt Eſprit eſt-il
Dieu ?

Reſponce.

Ouy.

Demande.

Ce ſont donc trois
Dieux ?

mouca nhouariôcoua : aca-
mien lica ouáirigoubali cã-
paracouã-lahámouca niãn-
raen lábou : amouti licae
boulic chemyn couatic acan
caparacouati lahámouca.

Tallaquetácani.

*Cátanum-kiéle Sainĉte
Trinité ?*

Teoúcouli.

*Ioúmaan-énli, imácou
aca ſant acanſancou, éloua
itánoucou lirocõ abã Icheiri.*

Tallaquetácani.

Icheiri-enli ioúmaan ?

Teoúcouli.

Han-han.

Tallaquetácani.

Chemijn-enli Imácou ?

Teoúcouli.

Han-han.

Tallaquêtacani.

*Icheiri-kia Sanĉt acan-
ſancou ?*

Teoúcouli.

Han-han.

Tallaquetácani.

*Eloua-yenum-kiele che-
meignum ?*

Teoúcouli.	*Responce.*
*Oúa, éloua-lic-nhányem Itánouçou, ácae aban li*ᵏ*ia-catou Ichéiri, aban louma-nuágo nhicheirigoni, nha-ouairigoni, nhamoúcoug-noucou-çoulee, nhamigna-licóni-Kia nhabou.*	Non, car encore, que ce soient trois personnes distinctes, neantmoins les trois personnes ne sõt qu'vn seul Dieu, n'ayant qu'vne mesme diuinité, mesme puissance, mesme entendemẽt, & qu'v-ne mesme volonté.

Tallaquetácani.	*Demandẽ.*
Ná Keboui-árae Ioúmaã liouíne limácou, áca limá-cou loária sãẽt acámbouéé?	Le Pere est-il plus viel que le Fils, & le Fils que le Sainct Esprit ?

Teoúcouli.	*Responce.*
Oua: echeouállacouácou-bae-nhámyen.	Non: ils sont égaux en tout.

☙☙☙☙☙☙☙☙☙☙☙☙☙☙☙ ☙☙☙☙☙☙☙☙☙☙☙☙☙☙☙

Lélouãnê ariángle.   Troisiéme entretien.

Tallaquetácani.	*Demande.*
ALlia-ítiem itánoucou ebéchouayem oueᵏélli mhém ?	**L**Aquelle est-ce des trois personnes qui s'est faite homme?

Teoúcouli.	*Responce.*
Likia libiamániem, Kiri-ábali limácou Ichéiri.	C'est la seconde, qu'õ appelle le Fils de Dieu?

Tallaquetácani.	*Demande.*

Le Pere, & le Sainct Es-
rit se sont ils aussi fait
omme ?

Responce.

Non.

Demande.

Qu'est-ce à dire se fai-
e homme ?

Responce.

C'est prendre vn corps
& vne ame côme nous.

Demande.

Où a-t'il pris ce corps?

Responce.

Au ventre de la Vier-
e Marie.

Demande.

Comment s'est-il fait
omme ?

Responce.

Sa Mere seule l'a en-
endré, par la vertu &
peration du St. Esprit.

Demande.

Il n'est donc pas Fils de
oseph Espoux de la vier-
e Marie.

Responce.

Non, car en tant qu'-

Ebechoüa-áranum-Kia-
ya oueqé. icm ioúmaan acœ
sant-Acanfancou ?

Teoúcouli.

Oúa.

Tallaquetâcani.

Cáte itacábali, ebechoúá-
bali oueqélli-mhém ?

Teoúcouli.

Leéreroni-qía ócobou a-
mien iouáni huiouálale.

Tallaquetácani.

Allia cácoboui ?

Teoúcouli.

Toullácae-rocoúni Ma-
ria Vierge-óca.

Tallaquetácani.

Catítiém lebéchouni oue-
qélli ?

Teoúcouli.

Cárahea-lictía-lao lichá-
num toróman linicoulámali
sánct Acambouée.

Tallaquetácani.

Lirháeu qiéle boulic Io-
seph tiraitiem Maria coüa-
ric ?

Teoucouli.

Márhaeu lúmpti. Icúmêpá lanéguè ácae ouekélli: ácae Ichéiri íchanoumaáli.

Tallaquetácani.
Cate liri boróman ?

Teoúcouli.
Chefus-Chrift, Ichéiri tínaca, ouekélli-kia tímani.

Tallaquetácani.
Kivíffianè ouábalia ?

Teoúcouli.
Cayouboútouli, Kichéiri kia ouamanegue Chefus-Chrift.

Tallaquetácani.
Cáte ítarabali Chefus ?

Teoúcouli.
Likia-nale. Inibacálicou.

Tallaquetácani.
Cat-ouágo ítara loúbali ?

Teoúcouli.
Ahoúée lanuágo touágon tabairágone tcúbara nibácai ouámani inhoária hué-

---

homme il n'a point de Pere ; en tant que Dieu, il n'a point de Mere.

Demande.
Comment l'appellez-vous ?

Responce.
Iefus-Chrift vray Dieu, & vray homme.

Demande.
Pourquoy eft-ce qu'ó nous appelle Chreftien?

Responce.
C'eft parceque nous reconnoiffons Iefus-Chrift pour noftre Seigneur & noftre Dieu.

Demande.
Que fignifie Iefus?

Responce.
Ce nom veut autant dire que Sauueur.

Demande.
Pourquoy a-t'il eft ainfi appellé ?

Responce.
Pour ce que en effet eft mort en Croix pou nous fauuer & affrachi

du peché, des Diables, &
de l'Enfer.

Demande.
Que faisoit-il lors qu'il
viuoit parmi les hómes?

Responce.
Il obeysſoit à ſes parẽs,
& peut-eſtre s'occupoit
à les ayder en leur tra-
uaux : mais trois ans auãt
ſa mort il inſtruiſoit ceux
de ſa nation de ce qu'ils
deuoient faire pour ſe
garantir de l'Enfer, &
gaigner le Paradis.

Demande.
Quels tourmens à t'il
enduré en ſon corps auãt
ſa mort?

Responce.
Les Iuifs l'ont lié, bat-
tu, foüetté, craché, moc-
qué, couronné d'eſpines,
l'ont chargé d'vne peſan-
te Croix, l'y ont attaché
pieds & mains, & l'ont

nocaten ỹ mápoyànum, té-
hoüíne Kia toùrali.

Tallaquetácani.
Cate liouategmaliémbou-
ca acaébouKa cáKekioua-
bouca nhabátêna ouégêliẽ?
Teoucouli.
Chamaingay-liàbouca
ton-leólam lirégnonum ni-
ouellecaébouca-Kia bonam
tonago nhámanicle: Irbeu
éloua chiric loúbara lahoue-
ni abáqueta liàbouca libe
tóhaKia nhamánicleem ni-
bácali-bara toaria toùrali,
nhayoubouĉouni-bara-kia
oubecouroùcouni.
Tallaquetácani.
Catitiem lápagonê lóca-
bou toúbara laouéni.

Teoucouli.
Chimoúmain-nanyéli,li-
be, boécoua, baícaⱥⱥa, choué-
coua, chinhacaécoua, bou-
loucoudqueta lichit ràbou
huéhué-iou, ro léche ouágon
tabairágone, ta nhámain

loúcabo, ámien lougoútri touágon, khaouíni loúbali nharóman.

Tallaquetácani.

Tamígati toúbalia lápagoni.

Teoucouli.

Arócota lacleébouca Ouboutónti láne linibouínali ouaóne.

Tallaquetácani.

Cát-oni lháouec?

Teoucouli.

Nhaúne bonále oueqéliem.

Tallaquetácani.

Catíliem ítara haoueé loúbali?

Teoucouli.

Itara ámoutou-couleé lóne: lá youlou-cati-ouágo nhénocatíni oueqéliem, nhelémain-nhámani-bara-qía táochecm carámoni nhámamiem.

Tallaquetácani.

Cat-itamonium-boura?

Teoucouli.

Mápoyanum?

fait mourir sur icelle.

Demande.
Pourquoy est-ce qui a tant enduré?

Responce.
Il vouloit faire paroistre le grand amour qu nous portoit.

Demande.
Pour qui est-il mor

Responce.
Pour tous les hom

Demande.
Pourquoy est il
de la sorte?

Responce.
Il la voulu ainsi, p
la satisfaction des pe
des hommes, & pou
affranchir de l'esclau

Demande.
De qui estoient ils
claues?

Responce.
Des Diables.

Dem

Demande.
Pourquoy estoient-ils esclaues des Diables ?

Responce.
A cause que nos premiers parens Adam, & Eue, auoient pechez.

Demande.
En quoy consistoit leur peché ?

Responce.
En ce qu'ils mangerent u fruict que Dieu leur auoit deffendu.

Demande.
Que deuint le corps de Iesus apres que son ame en fut separée ?

Responce.
Le corps fut mis dans un sepulchre, & l'ame descendit aux Enfers.

Demande.
Pourquoy y descendit-ille ?

Tallaquetácani.
Cáti-nhányem eatámo-nitona-nhábaliem mapoya-num ?

Teoucouli.
Toróman linocatini huitango ouábaratium Adam, amien Eue.

Tallaquetácani.
Alliaírocou-énrouboucá nhénocatini ?

Teoucouli.
Lirocon nhátoni huehue-im, lika cabahágnaKeta lomptou éleboue lorómañ chémyñ.

Tallaquetácani.
Lháouen-ábou Chefu ácanum nitém-arou lioudni lodria lócoobou, allia-óni-arou nharoman ?

Teoucouli.
Chónamoinarou liámum tirocon lonámorobou, ácao ardlira lioudnì tohralliro-cohni.

Tallaquetácani.
Cáti-ouágo laralironẽ nyaim ?

Teoucouli.	*Responce.*
Lacháouaronẽ ouágo hui-tángo, nhánkia nháca houi-mnêrêtium lóne : sanyan-coua nhamanuágo ebéiou-rouni Cáhoe-óni, némbõui-liem aórayem.	Pour en retirer les pe-res morts en grace : qui ne pouuoient entrer au Ciel que par son moyen.
Tallaquetácani.	*Demande.*
Itábouça lacacóchoua Chesus?	Quand est-ce que Ie-sus ressucita ?
Teoúcouli.	*Responce.*
Lélouan-ouágo huéyou tibápone lhaouéeni.	Le troisiéme iour apres sa mort.
Tallaquetácani.	*Demande.*
Catília-couacá-boucanhá-man libouitoulicou táoche-em lacácochouni ?	Que faisoit il auec ses Apostres apres sa resur-rection ?
Teoúcouli.	*Responce.*
Balipfé-catou-éleboue nhi-ouani loroman tirocon lacá-cochoni: abáqueta liàbouca-yem touágon lioubout óuma-li-áricitou Eglise : Choú-loui touágon lignoúrouni oubecouágoni: linchágueta-nikia sant acámbouee nha-ouágo.	Il les confirmoit dans le mystere de la resurre-ction : il leur apprenoit à policer son Eglise : leur donnoit aduis de son As-cension: & de l'enuoy de son saint Esprit sur eux.
Tallaquetácani.	*Demande.*
Libátête-couá Aoualli-	Est-il monté au Ciel en

cachete ?

Responce.

Non , mais en pre-
sence de ses disciples , &
en plain iour.

Demande.

S'est-il tellement reti-
ré de la terre selon son
humanité qu'il ne s'y re-
trouue plus ?

Responce.

Non, il se trouue en-
core en nos Eglises, se-
lon sa diuinité, & selon
son humanité, car son
corps & son ame sont so⁹
les especes du pain & du
vin apres que le Prestre à
consacré, & offert le sa-
crifice.

Demande.

Pourquoy à r'il enuoyé
son Esprit sur les Apo-
stres ?

Responce.

C'estoit pour les conso-
ler & éclairer leur igno-
rance.

Demande.

rae inhonihan-han-Kia ?

Teoúcouli.

Oúa , nhionhále lioubou-
toú-icou bonále , acaëbouca
hueyou-kióua.

Tallaquetácani.

Rére-bonale-árae ácae
ouekélli matárironi-couaca
láne touágon monha tárici ?

Teoúcouli.

Tari huelemecheragléro-
couni lichéirigoni , liouéke-
lini-kia , irainlanégne liá-
oua áboucheem panê, binê-
Kia lócobou aca liouáni-na-
le tárici lelemécherone patri
latacara quetêni-kia ána-
cri.

Tallaquetácani.

Catília-incháket a loúba-
li lopoyem nhoagon líboui-
toulicou ?

Teoúcouli.

Chíboui aca Kemegêra,
lacléebouca nhiouani toária
enetapa nhámani.

Tallaquetácani.

Ouárroü énráe auti oua-
coucoua sanct acansánkou ?

Teoúcouli.

Oúa.

Tallaquetácani.

Catitiem itara roúbali la-
boulétoni ?

Teoúcouli.

Itáraali liuenébouli, lim-
bouinali, liropomali-Kia a-
cáli, énéga ouamáuibara
lóie.

Tallaquetácani.

ToKoya-lic-yéirou linchá-
ketenni tonágon Eglise ?

Teoúcouli.

Achacapakérou, irhou
enépatou.

☙☙☙☙☙☙☙☙☙☙☙☙

Lélouannê ariángle
tonagon Eglise.

Tallaquetácani.

CAtanum Eglise-ba-
crou ?

Teoúcouli.

Titánali-énrou-Kia mo-

Le sainct Esprit est-il
vn feu, ou vn pigeon ?

Responce.

Non.

Demande

Pourquoy le depeint-
on de la sorte ?

Responce.

Il est ainsi apparu pour
nous figurer sa bonté &
son amour, & pour nous
induire à l'imiter.

Demande.

Iesus-Christ ne la t'il
envoyé que cette fois
sur son Eglise ?

Responce.

Il l'enuoye encore sou-
uent, mais innisiblemēt.

☙☙☙☙☙☙☙☙☙☙☙☙

Troisiéme entretien
de l'Eglise.

Demande.

QV'est-ce que l'Egli-
se ?

Responce.

C'est la congregation

de tous les fideles Chre-
stiens.

Demande.

Combien y a-t'il de marques de la vraye E-glise?

Responce.

Il en a quatre, car elle est vne, saincte, Ca-tholique, & Apostolique, lesquelles luy conuien-nent tellement qu'elles ne se trouuent autre part qu'en l'Eglise Romaine.

Demande.

Pourquoy s'appelle-t'elle Romaine.

Responce.

Pour ce que le Siege du chef visible de cette Eglise à esté mis à Rome par Sainct Pierre, qui fut laissé par Iesus-Christ son Lieutenant en terre.

Demande.

Comment est elle vne?

Responce.

Pourceque n'estát qu'-vne seule, en icelle les

ingattêbouïtium Kirissiá-nê.

Tallaquetácani.

Atelt-énrou tocótobon E-glise tímani?

Teoucouli.

Biámbouri-énrou, aban-tanégue, sanctêyénrou, emé-ritou, Apostoliquerou. Kia: ámonti itara-énrou bouli-que tocótobou amon Eglisê touária rómarou conatiquê.

Tallaquetácani.

Catíciem Kiri tchbarou rómarou?

Teoúcouli.

Rô-lannágo loubout óhgou-ni acálêtobou Rome-óni sat Pierre, liouboutoumalt-ári-citi Chesu-Christ tibouic nónum.

Tallaquetácani.

Catitáarou lábanani?

Teoúcouli.

Taricoua-nhamannágo moingattê-bouïtium lone

lioubóutoumalí-aríciti Chri
ſte tírocon amoin-kia moingali, Kani nhamanuágoem
méme ton Sacremens-nále
nhábou, ácanum-cátou á-
banayem-lic.

Tallaquetácani.
Catitia ſanƐte toubarou?
Teoucouli.
ſanƐlé tanegûe tabaque-
toni, tamoingali, temére,
chon-bonale, tichiquiem ta-
negue-kiaya maingatitium
ton leolam toni-Kia taba-
quetoni touagon ſaƐƐteré

Tallaquetácani.
Caţitiem temérigoni?

Teoúcouli.
Téneem-tánuágo boúca
cachi taguénani-barou télé-
coua toúbarou temérigonê
monha-ouágo boná'e nha
roman tirhain, cachi télé-
coua toúbali timá·nmêli e-
mérigonê touágo bonále cit-
bao.

membres ſont vnis au
Chef en meſme foy, &
participation des ſept Sacremens.

Demande.
Cóment eſt-elle ſainƐte?
Reſponce.
Pource qu'elle n'en-
ſeigne rien qui ne ſoit
ſainƐt quant à la foy, &
quant aux mœurs, telle-
ment qu'elle conduit
ſainƐteté ceux qui obſer-
uét bjen ce qu'elle com-
mande & enſeigne.
Demande.
Comment eſt-elle Ca-
tholique?
Reſponce.
Pource qu'ayant eſté
de tout temps viſible,
comme vne lumiere ec-
clairante, elle s'eſt eſten-
duë par tout le monde,
encore en tout pais, p
le moyen de ſes vraj
enfans.

Demande.

Comment est-elle A-postolique?

Responce.

Pour ce qu'elle a son o-rigine des Apostres, aus-quels ont succédé nos Pasteurs & Euesques, specialement nostre St. Pere le Pape, qui sans in-terruption aucune à tou-iours esté Chef de l'E-glise depuis Sainct Pier-re, & pour ce estant fon-dée sur cette ferme pier-re, elle a tousiours duré, & durera iusques à la fin du monde.

Demande.

Que colligez-vo⁹ brief-ement de tout ce qui à esté dit de l'Eglise?

Responce.

Qu'il n'y a qu'vne seu-le, & vraye Eglise. 2. que hors d'icelle il n'y a point de salut.

Qu'elle est gouuernée par le sainct Esprit, & par-

Tallaquetácani.

Tiri tóubalia Apostoli-que?

Teoucouli.

Natátea-tanuágo nhá-macheem Apostres, oubou-bakeirou nhaman nhibou-clena áchouconroucoutioua auti Euesques, tibátête-koua loman Sanct-Kioumaan Papa, liKa lanegue anou-boutoumentiali touagon E-glise irebali tichic, taocheem Sanct Pierre, charaketa tanuagonum touágo itacá-bali teleti tebou hemen tou-barou, elébarou-mhem-ᵏia nimateitic hueyoubouKen ao

Tallaquetácani.

Cate pioudniem tibouic E-glise inicallêtêli, nianKe-taba tone?

Teoucouli.

1. Inale-enli naunicoua a-bana-lic tanum Eglise ma-malachouantou. 2. Ibacapa nhamani ouékêliem touaria 3. Ouboutoumen lane toua-gon Sanct Acambouée, iou-

licapa toubarou loróman.
4. tichiclane Chesus. Christ
ouayouboutoulicou , aca la-
bou sanÉt Ksoumaan Papa
lioubouboutoutoni-agonè man-
ha ouaga

Tallaquetácani.

Cat. hámouca-couatit nh-
amoingattéra Kirissiané
méme ?

Teoucouli:

1. Tamoíngáli bonále Eglise. 2. Tibárêtecóua ábana-
lic láne Ichéixi lirócouni á-
loua illácou, Ioúmaan, Imácou, aca sanÉt Acansáncou.
3. átecoua láne Imácou ou-
eK elli toulacaórocouni ma-
riá Vierge-aca. 4. ac ámien
ton nhénocatênnê aulleúli,
nbeqéricoubácalà, manchō-
chónti-Kia iouáni.

Tallaquetácani.

Ftiennê hámouca acám-
ba Kirissiané méme.

tât qu'elle ne peut errer.
4. que son chef est nostre
Seigneur Iesus-Christ, &
sous luy nostre sainct Pere le Pape son Vicaire en
terre.

Demande.

Que doit croire som-
mairement tout Chre-
stien ?

Responce.

1. Il doit croire en general tout ce que croit la
saincte Eglise. 2. En par-
ticulier, & distinctemèt,
qu'il ny a qu'vn seul Dieu
en trois personnes, le Pere, le Fils, & le sainct Esprit. 3. que le Fils s'est fait
homme au ventre de la
Vierge Marie. 4. Il doit
aussi croire la remissiō
des pechez, la resurrectiō
de la chair, la vie eternelle.

Demande.

Combien de chose e
general doit sçauoir 100
Chrestien ?

Responce.

1. Trois, ce qu'il doit croire. 2. ce qu'il doit faire. 3. ce qu'il doit demá-der à Dieu.

Demande.

Ou est compris ce qu'il doit croire?

Responce.

Au credo.

Demande.

Ou est contenu ce qu'il doit faire?

Responce.

Aux commandemens de Dieu, & de l'Eglise, en l'vsage des Sacremés, principalement de la penitence, & de l'Euchari-stie, & en l'exercice des vertus & bónes œuures.

Demande.

Et ce qu'il doit deman-der à Dieu où est-il en-seigné?

Responce.

Au Pater noster, & en l'Aue Maria: Le Pater nous enseigne de prier, &

Teoucouli.

Eloua 1. Lamoingáttê-rênni. 2. Lanironi. 3. La-mouliácani-qia louária Ich-éiri.

Tallaquetácani.

Alliáirocu-enli linamo-ingáttêrênni?

Teoucouli.

Tirócouni moingáttêtêna.

Tallaquetácani.

Allia-irócouni-enli la-nigouati?

Teoucouli.

Tirocon laoná cani Ichéi-ri, Eglise xíaia: léereroni Sacremens, tibátêecoua la-pápani-anichi-rocoúni loua-áni, taicóni-rocouni ánakri, tirócouni-kia iropónbaroi anigouati.

Tallaquetácani.

Allia tabáquetoua nha-mouliácani louária Ichéiri?

Teoucouli.

Lirócouni Kioúmoue, a-ca lirocon maboúic Maria-óue: Kabáquêtati Kioú-

E

mouc ouapourieroutouni, huebéquêtêli-Kia lionine Ichéiri, Mabouic mariaoue Kabákétatien lebéchouni ouckélli, ac amien lamabouitaroni, lapouriccoutouni-Kia Maria. Touágoenli Chétei-coua-coule loubali Kiríſſiane biama-barou ariangonc, latin aca callinago.

demander ce qu'il faut: l'Aue Maria nous instruit du myſtere de l'incarnation, & comme il faut ſalüer & prier noſtre Dame. Partant il faut auſſi les ſçauoir tous deux en latin, & en caraibe.

Tichágali ácounoucou nhabáquetoni Kiríſſianne.

Seconde partie de la Doctrine Chreſtienne.

Ohuihuiboubarou ariangle touágon emenichiraeu.

Premier entretien de l'eſperance.

Tallaquetácani.

CAtanum apourcouyem hamouca lone kiriſſianê?

Demande.

QV'elle eſt la seconde choſe neceſſaire au Chreſtien?

Teoûcouli.
Emenichiraeu.

Responce.
L'eſperance.

Tallaquetácani.
Cátanum emenichiraeu.

Demande.
Qu'eſt ce que l'eſpe

rance?

Responce.

C'eft vne vertu que Dieu fait couler en nos ames, par laquelle nous attendons auec certaine confiance les biens de noftre falut, & la vie eternelle.

Demande.

Cóbien faut-il de chofes au Chreftien pour affurer fon efperance?

Responce.

Deux, la priere, & l'obeyffance aux commandemens de Dieu.

Demande.

Qu'eft-ce que la priere?

Responce.

C'eft vne demande faite à Dieu.

Demande.

Comment la faut il faite?

Responce.

Il faut eftre attentif à

---

barou?

Teoúcouli.

Tóꝛoya-árou moingato-bou ichigouoútou huiouáni-rocou loróman Icheíri moingatê tane huinimámêkeli toubároua huinibáçali iropómali : manchonchóntou-Kia huiouáni.

Tallaquêtacani.

Itiénrou hámouca libónam Kirissianê toubara inalé keta-láne lemenichíraeu?

Teoucouli.

Biáma, lapourieroutou-ni, lamaingalikia ton aonácani Icheíri.

Tallaquêtácani.

Catan-yenrou apourie-coutouni?

Teoúcouli.

Tohaxia amouliacani li-ouíne Icheíri.

Tallaquêtácani.

Catítouba nharóman ba-lánagle?

Teoúcouli.

Pata-hámouca nhiouá-

ni touagoni; libónam-couá-
kia Icheíri toúbara chioua-
má-num tóne : ireme áɣera
lomptou tokoya nhinigne á-
boulougou-chéentou.

Tallaquerácani.

Cámoul itiranum tóᵏa tóu
bouche méme nhámouti chõ-
cómbae, ticoya-qia nhá-
moutou couébe?

Teoúcouli.

Ona, toca-lic hámouca,
ac itara cachi abaqueta lou-
barou Chéu.

Tallaquerácani.

Cat-itiem-Kiele labá-
quetoni acáli cheteinanum
boroman?

Teoúcouli.

Itara tiom.

1. Kioú-noue titá-ryem ou-
bécoxyum, santiquetála e-
yéti.

2. N mbouilla bioubout cú-
mali-bárali.

3 Maínatrê catou-thór-
ttica ayéoula tibouic monba
cachi tibouic bali oul é'ou.

4. Huerébali im-tbouye bi-

icelle ; ou à Dieu afin
qu'il l'aggrée, que si on
prie de bouche seulemét
Dieu n'en fait pas de cas.

Demande.

Peut-on demáder tou;
ce qui plaift, & ce qu'on
veut.

Responce.

Non, mais seulement
ce,& en la forme que Ie-
sus nous a enseigné.

Demande.

Qu'elle est donc cette
formule ? apprenez la
moy ?

Responce.

La voicy.

1. Noftre Pere qui eftes
és Cieux, voftre nom
soit sanctifié.

2. Voftre Royaume no'
aduienne.

3. Voftre volonté soit
faite en la terre commé
au Ciel.

4. Donnez nous auiour

d'huy noſtre pain quoti-
dien.

5. Et pardonnez nous
nos offences, côme nous
les pardônons à ceux qui
nous ont offenſé.

6. Et ne nous induiſez
point en tentation.

7. Mais deliurez nous du
mal. Ainſi ſoit-il.

Demande,
Qui a fait le Pater no-
ſter?

Reſponce.
Noſtre Seigneur l'a fait,
& l'a enſeigné à ſes Apo-
ſtres; d'où vient que no⁹
appellons oraiſon do-
minicale.

Second entretien.

Demande,
NOus eſt-il deffendu
de prier les Saincts?
Reſponce.

---

mále louágo lica huéyou ico-
ígne.

5. *Róya-catou-Kia, bánum
huénoçat en huiouíne cachi
roya-ouábali nhiouíne inna-
catírium ouáone.*

6. *Aca menépeton-ouahat-
tica toróman tachaouonné-
tébouíroni.*

7. *Irheu chibacaíquet a-bá-
oua touária t oulíbani, han-
han-catou.*

Tallaquetácani.
*Cat icábouli tóra apou-
riecoútouni?*

Teoucouli.
*Licábouli ouáyouboutou-
licou, labáquetoni- Kia nhibónam libouítaulicou; Kiri-
toúbarou aúboutououtou.*

Láboureem ariángle

Tallaquetácani.
INebetíranũ apouriecou-
touni Sainĉts ouáone?
Teoucouli.

Minebentōu-kia, touá-
go tibouina nhamanuágo
libónam Icheíri, oubátou-
pa-loúbali nhaûne ácaig-
nem ariánga hámam ouá-
ocheem, tibátôtecoua Ma-
ria.

Tallaquetâcani.
Allia apourierouçouni chi-
ouámainum tone?

Teoúcouli.
Tocoya lamabouicaronè
Ange tóne, chitoualémain-
yona ámoutou linoûbali ich-
éíri acae abechoûali ouexel-
li-mhem.

Tallaquetâcani.
Ariánga-banum?

Teoúcouli.
Mábouic Maria Cagra-
tiátitou-oue, bimale enli
Icheíri, amanle aouéreem
nhioúine amon ouliem, li-
Kia-Kia aouereem atágua-
num Chéfus.

Tallaquetâcani.
Catéra catou ariángayôn-
rou mábouica marilaoue?

Non, parce que Dieu
les ayme, & pour ce fu-
jet il ne les écóduit gue-
re quand ils luy repre-
sentent nos necessitez,
particulierement la Vier-
ge Marie.

Demande.
Quelle priere est-ce qui
luy plaift le plus?
Responce.
La salutation Angeli-
que, rememorant le be-
nefice de l'incarnation
du Fils de Dieu.

Demande.
Dites-la?
Responce.
Ie vous saluë Marie
pleine de grace, le Seig-
neur est auec vous, vou
estes beniste sur toute
les femmes, & benit e[st]
le fruict de vostre ventr[e]
Iesus.

Demande.
Qui a fait l'Aue Mari[a]

Responce.	*Teoúcouli.*
L'Ange Gabriel à prononcé ces paroles, ie vo° saluë pleine de grace, & Saincte Elizabeth à dit celles-cy, vous estes beniste entre toutes les fémes, la saincte Eglile les suiuantes.	*Ariangayénli latáɭobou Gabriel ichigouti loróman chemijn: tíbirì tinicáɭêɭêlè enrou Sanɭ Elizabeth: pattáarou tóni tibouicle-tomptou toróman Sanɭle-Eglise.*
Saincte Marie Mere de Dieu, priez pour nous paunres pecheurs, maintenant, & à l'heure de noftre mort. Ainsi soit-il.	*Sanɭta Maria Ichêrrichánum, capourieroutáriba ouáocheë yeheumétioua, ócogne, ouatárouli-ábouKia. Hán-ban-catou.*
Demande.	*Tallaquerácani.*
Quelle oraison dites-ous à voftre bon Ange?	*Caririem bapourieroutouni lóne baoyaoua Angetientae siri?*
Responce.	*Teoúcouli.*
Ie luy dis.	*Itaratiem noroman.*
Ange de Dieu qui es ommis,	*Neupatéba nobároua.*
our me garder des enemis,	*Inhonchcenti naóydoua.*
ay, ie te prie, si bon euoir,	*Banárt ébannatóari,*
Qu'il ne me puiffent deuoir,	*Ietcïnoucou tendbirò,*
ay moy si bonne com-	*Acan amïnle-mehem*

nóman,

    Aóuere náuba bouró-
man.

      Tallaquêtácani.

    Catè paníriem binale
poule?

      Teoúcouli.

    Nacácotoni-ábou Caba-
quetat'ítina nouágo-coua la-
baíragone láoua , nyaim-
mhem napouríeroútoyem í-
racá. Táo niem bibónam
Ichéiri-oue abya banuago
náo louágo liqíra ariabou-
touni, en nócobou niouani;
iouategmali, nichigoni méme nhankéa bonále itouale-
mátobou boróman.

    Toúbara ouáiqíni. Beni-
homanchéu, ziem nhaüne
mòonhulé ámourlum. Irheu
Oúboutou, nhamanégué, ni-
em qía. Beni-thoáttícaoua,
buiüelebanáboulí-qía líbaon
Chríste. Léttrocou loúmaã,
ac Imácou, aca fant Acan-
fantou.

pagnie,

Qu'en bon eſtat fine ma
vie.

      Demande.

Dés le matin que faite
vous?

      Reſponce.

A mon reſueil ie fais le
ſigne de la Croix & puis
ie dis. Mon Dieu, ie vo'
temercie de ce qu'il vous
a pleû me garder cette
nuictée. Ie vous offre mô
corps, mon ame, & tout
mon trauail pour mar-
que de reconnoiſſance.

Auant le repas. Ie prie
ceux qui ſont preſens de
donner la benediction,
& parce qu'ils diſent que
c'eſt a Dieu à la donner
Ie prie que la dextre del
Chriſt nous beniſſe, &
nourriture que nous al
lons prendre. Au nor
du Pere, & du Fils, & d
Sainct Eſprit.

              Apr

Apres le repas ie fais l'actiõ de graces au nom de tous, en cette sorte.

Ie vous rend graces Roy tout puiſſãt de tous les bienfaits que vous nous auez liberalement departy.

Et le soir comme ie suis sur le point de me coucher, ie rappelle les fautes de la iournée en ma memoire; puis ie dis à Dieu en moy mesme; mon Dieu ie suis marry des pechez que i'ay cõmis auiourd'huy contre vous. Parce que vous estes bon, pardonnez les moy, ie me propose fermemẽt de m'en corriger.

Mon Seigneur ie remes mõ ame entre vos mains, & vous la recommande.

Troisiéme entretien.

Demande.

Tárici ouaicáconi ítararou nayaóroni.

Yao-niem bibónam érei ouboutoúgoutioue nhabára bichigoni bonále ouaóne.

Royenóni acan ánouyou-rakíoua chitoualémain-niè nónicoua nínocátini-bouri; nyáim-kia lone átina Icheiri; papánichiti nionánitouágo yenócali bibónam, Icheiri-oué iropom-banuago; annibanum iouíne, Chekeboui noubanum bouróman.

En nionáni bohcaho-rocou ouboutou-oue Chibouikenoumáimbalotóman.

Léllouanne ariángle.

Tallaquetácani.

CHibánaboüi nahámou
Ctiranum Chamáingay
ouámaninum nhácobou-á-
rici Saints?

Teoucouli.

Ibanápati-kia, itara
nhamanuágo-bouca ácaig-
nem Cáquekioua cachi le-
meruágle, lelemechéragle-
couákia Sanct Acansáncou,
alire-mhem Kiouáninum.

Tallaquetácani.

Chamáingay tahámou-
cara-couátic ouaóne nhaya-
ouátina?

Teoücouli.

Hán-han, touágo ma-
chamáingarati-ouamanuá-
go tabouletonê, carta, té-
bou, huéhue-couákia, irheu
chamáingay ouáignem nhá-
ca cayaouábálinum: nha-
yaouátina hui toualemáto-
bou-lic-yénum nharóman,
ouabaquethoxi-kia nhiro-
pomali hámouca élebouekia
nharóman.

Demande.

DEfent-on d'hono-
rer les Reliques
des Saints?

Responce.

Non, parce qu'elles
ont esté pendant leur vi-
uant, le reposoir, ou le
temple du Saint Esprit,
& doiuent estre vn iour
reünis à leurs ames glo-
rieuses.

Demande.

Et leurs images les faut-
il aussi honorer?

Responce.

Ouy, car nous ne nous
arrestons pas autrement
à la peinture, au papier,
à la pierre, ou au bois,
mais nous honorós ceux
qui sont representez par
icelles, les images nous
faisant resouuenir d'eux,
& apprenant à imiter
les vertus qu'ils ont pra-
tiquées.

Tallaquetácani.

Pour qui priez-vous ?

Caràocheem bapourié-routa ?

Responce.

Teoúcouli.

Ie prie pour moy; pour tous mes parens, amis, bien-facteurs, & pour toute l'Eglise.

Náocheem, netéignonum bouinálicou, ioubénekia, áochcem, taocheem Kyaya tat anênábouli Kiríßia-nê chôncombae.

Demande.

Tallaquerácani.

Faut-il prier pour les ames qui sont detenües en Purgatoire ?

Aca nháocheem tirócou-ni-banim Purgatoire han-han-Kia ?

Responce.

Teoúcouli.

Ouy, d'autant que par nos prieres nous les deli-utons des peines qu'elles y endurent.

Nháocheem-Kiaya, ne-lémain-coulee nànuágoem touária nhapágonï torôman napourieroùtouni.

Demande.

Tallaquetácani.

Qu'est-ce que Purga-toire ?

Cate Purgatoire-balï ?

Responce.

Teoúcouli.

C'est le lieu ou les ames qui decedent de ce mou-le en la grace de Dieu, acheuêt de payer les pei-nes deuës à leurs pechez.

Nhibouélelou-ênrou-Kia monhá-roucouni-barou bo-uínnêtêtium libónan Ichei-ri, nioúle-ámoutium-áni-chi touágou nhênocatennê nháoeni-ábou, nyáïm-nhá-mouton chebemainum nhi-ánouani-íbiri, téca ebêmapaKeirou.

Lélouannê ichágali nhabáquetoni Kiríssianne.

Labánani ariángle.

Tallaquerácani.

Alıa íriem élouayem i-bacárobou nhaủne Kiríssiannê?

Teoucouli.

Inalerárobou ábourcem-énrou-Kia emenichiraeu, eaónaca tanuágo toróman libónã Ichéiri, Charité riem tíri nharóman balánagle, ricómacoua-lic tiem tibouí-naca-oni nharóman Calli-nágoium.

Tallaquetácani.
Cáte charité-barou?
Teoucóuli.

Ibouinárobou énrou-Kia irhácou lomptou chemiin ou-anichi-rocouni Kinchin-gá-touya lanibára ouaône nho-

Troiſiéme partie de la Doctrine Chré-tienne.

Premier entretien.

Demande.

QVelle eſt la troiſié-me choſe neceſſai-re au Chrétien?

Reſponce.

C'eſt celle qui aſſeure ſon eſperance, parce qu'elle le fait obeïr aux commandemés de Dieu. Les Chrétiens l'apellent charité, le mot Caraibe tibouinaca-oni en approche.

Demande.

Qu'eſt-ce que charité?

Reſponce.

C'eſt vne vertu infuſe de Dieu en nos ames, par laquelle nous aimons Dieu ſur toutes choſes,

& le prochain pour l'a-
mour de Dieu.

Demande.

Qu'est-ce qu'aimer
Dieu sur toutes choses?

Responce.

C'est l'aimer plus que
nos biens, que nos parés,
que nostre vie, & vouloir
pluſtoſt mourir que de
l'offencer.

Demande.

Combien y a-t'il de
commandemens non eſ-
crits?

Responce.

Deux. Le premier. Tu
ne feras à ton prochain
choſe que tu ne voudrois
qu'il fit à toy meſme. Le
ſecond. Tu feras à ton
prochain ce que tu vou-
drois qu'il fit à toy meſme.

Demande.

Combien y en a-t'il

*áriabonále ámien, aca hui-
kíbe loróman Ichéiri.*

Tallaquetácani.

*Cáte itarábali, Kénchin-
lánibara Ichéiri nhióuine
bonále amoincouákia?*

Teoúcouli.

*Likia-nale, Kénchin-la-
níbara ouaóne touária ouá-
tacobayê, nhoaria buéteg-
nonum, louária huíouani-
coua, Inegle choútoui oua-
manibara ouahouéni-coua
touária lénocali Ichéiri.*

Tallaquetácani.

*Ateli-enrou tibouénali-
aonácani manbou letóntou?*

Teoucouli.

*Biama-enrou-kia. Laba-
nani. Maricouátibátibou-
mhem libónam ayoumoúli-
cou cachi caniracoua-clée loúbali bibónam. Laboureem-
paníroubaa-mhem lóné bi-
toúcae cachi caniracoua-clee
loúbali bóne.*

Tallaquetácani.

Atelienum caboulêta

coua amourium?

  Teoucouli.

Biáma énum-kia.

  Tallaquetácani,

 Cátaignem?

  Teoucouli.

 Yeúboutou. ácae bouinê-
tëti Ichëiri ouaonariouá-
coua, lóromacoua-Kia. Lá-
pourcoutou, ácae tibouinati
huikibe ouaóne, huiouálla-
le, aca loróman Ichéiri.

  Tallaquetácani.

 Cat-ítiem leouállagone
huinibouínali huibe?

  Teoucouli.

 Ouagnoumourágoni-én-
rou-kia huiropómalimani
louágo, cachi ouagnoumoú-
racoua-ouábali onaouágo-
coua, itébali lhaámouca
huechemeracou, ouacoug-
noucoúcoule-Kia: ínegle ou-
anironi laúnicoua cachi ca-
niracoua ouábali ouaónicoua

d'escris?

  Responce.

Il y en a deux.

  Demande.

Qui sont-ils?

  Responce.

Le premier. Est d'aimer
Dieu plus que soy mes-
me, & pour l'amour de
luy mesme. L'autre est
d'aimer son prochain
comme soy mesme, &
pour l'amour de Dieu.

  Demande.

Comment aimons no⁹
nostre prochain comme
nous mesmes?

  Responce.

En luy desirant, & pro-
curant le mesme bien
que nous nous desirons
selon Dieu, & raison, &
faisant pour luy ce que
nous ferions pour nous
mesmes.

Second entretien.	Biamá-barou arián-gle.

Second entretien.

Demande.

COmmét ferons no⁹ paroiftre que nous aimons Dieu ?

Refponce.

En gardant fes commandemens.

Demande.

Y en a-t'il encore d'autres que ceux dont ie vo⁹ ay parlé ?

Refponce.

Quoy que ceux la deuroient fuffire, pourtant il y en a encore d'autres adjouftez, afin que tous entendent plus clairement ce qui eft requis pour exercer ehatité tant enuers Dieu qu'enuers le prochain.

Demande.

Combien font-ils ?

Refponce.

Biamá-barou ariángle.

Tallaquetácani.

CAtitóuba tiuenéboulì ouaróman tibouína láne Ichéiri ouaóne ?

Teoúcouli.

Acaoua-Kia caónacayóna-háman libónam.

Tallaquetácani.

Inyáca-Kioua ámien nhouária nakéra noúbalì bone.

Teoúcouli.

Nhán-Kia ácaignem-caçou condllaoua hámouca-ecuátie, Inydcaqioua ámoin tibanáguêcoua-gátouya ouámanibara buibouinátobou mhem lorómã Ichéiri, nhã róman qia huibo.

Tallaquetácani.

Itianumde ?

Teoúcouli.

Chon-bonále ouïbo.
Tallaquetacani.
Chétei nanum koróniai?
Teoucouli.
Ayouboutoúlicou áo bi-
chéiricou-qïa chálée-abáli-
bou tacaéra-cheem Ægïfte
ematémoni-bánibara, Ichei-
pabátibou iouïne: Cachou-
rougoúsati-bóba boulienha-
onyaouátina inóutium, on-
ábouttum, tonáboutium,
monhárou coutium-qïa cou-
átie. Mataguerguêtênni-
bóba ánacri nhibónã, ac a-
boúyou bóba-boulicnhaúne
couátie: ao nanéguê ayóu-
boutoúlicouyem bichéiricou-
yem-qïa balipheroútô, emi-
untetu-qïa: nebemainyoná-
riem ton nhiánouanni ig-
nourou, nhíboui c nhibaïgné
lômais-bonále éloua, biam-
bourì couáqla neteignóquê-
tênni ieuménbarou-nóne.
qïbeti nacotémecani couágo
nheteignóquetênni inibouï-
nálitouiou, achamaàngarou-
outiumi ton neólam.

Dix.

Demande.
Apprenez les-moy?

Responce.

Ie suis le Seignéur ton
Dieu, qui t'ay retiré hors
de la terre d'Egipte, de
la maison de seruitude,
tu n'auras autre Dieu que
moy: tu ne te feras idole
taillée, ny semblance
quelconque des choses
qui sont là haut au Ciel,
ny ça bas en la terre, ny
és eaux dessous la terre:
tu ne les adoreras point,
& ne les seruiras: car ie
suis le Seignr ton Dieu,
fort, & ialoux, visitant l'i-
niquité des peres sur les
enfans en la troisiéme, &
quatriéme generation de
ceux qui me hayssent; &
faisant misericordé tu
mille generations à ceux
qui m'aiment, & garden
mes commandemens.

2. Tu ne prendras poinct le nom du Seigneur ton Dieu en vain ; Car le Seigneur ne tiendra point innocent celuy qui prendra le nom du Seigneur son Dieu en vain.

3. Aye souuenance du iour du repos pour le sanctifier. Six iours tu trauailleras, & feras toute ton œuure : Mais le septiéme iour est le repos du Seigneur ton Dieu, tu ne feras aucun œuure en iceluy, toy, ny ton fils, ny ta fille, ny ton seruiteur, ny ta seruante, ny ton bestial, ny l'estranger qui est dedans tes portes. Car en six iours le Seigñr fit le Ciel, la Terre, & la Mer, & tout ce qui est en iceux, & se reposa au septiéme : Et partant le Seigneur benit le iour du repos & la sanctifié.

4. Honore ton Pere &

2. Hueléhengapabaroia banaleriigweremni tábou liri bechemenacou, Kabaineati lanéguê ácanum itarayem.

3. Touáléba con emeruacabou sa Eliqueta tánum borói man. Abatu ládyagon ouácabo, ápourcouni huéyou bdo ákanum taouémboura biouatégmali bonálé, líté mhee lemeruoni énrou kia bichéiricou, aragaimaparcóaca louágo likamiéyou ámanle mbem, bitámonir billiguini, ayoumaidlicou Kiaya beauiirocau bali. Biámalanéguelaoyagomoir dcabo ápourcou huéyou áo ákae chicaboué chemiinou bécou, mónha, bálána akachon bonálé ichiro couni batnum, nyáim louágo lite lemérou: touágarenli sancéi tokbali lorómman achéixi la meruátobou.

4. Tanningualic likbauin

H

áyoúmaan, tóni-kia achá-
num emeem tanibara
bakébouli yakéra monha
ouágon ro-lúmpti-mheem
bichéiri bibónam.

Tallaquetácani.

Nyánketa báignem nha-
kéra biánbouribanum aon-
ácani.

Teoúcouli.

1. Ayouboutoulicou áo,
bichéiricoukia tímani Ichei-
pabátibou iouíne.

2. Minaleraguæ enni-cou-
aca bóba tao yeti ácanum
huelcéngay-barou-mheem.

3. Toúaléba sanctiqueta tánum borómã emeruátobou.

4. Tamaingaba nhaúne
betéignonum.

5. Eouepabatíbou.

6. Oullemattépabatíbou.

7. Monemepabatíbou.

8. Ouchounnépábarou lari-
ángone íri bitoúkae-boró-
man.

9. Maignoumouracouati-

---

tà Mere, afin que tes
iours soient prolongez
sur la Terre, laquelle le
Seigneur ton Dieu te dô-
nera.

Demande.

Abbregez moy ces qua-
tre commandemens.

Responce.

1. Ie suis le Seigneur ton
Dieu tu n'en auras point
d'autre que moy.

2. Tu ne prendras point
le nom de ton Dieu en
vain.

3. Souuiens toy de san-
ctifier le iour du repos.

4. Honore ton Pere &
ta Mere.

5. Tu ne tuëras point.

6. Tu ne commettras
pointadultere.

7. Tu ne déroberas
point.

8. Tu ne diras point faux
témoignage contre ton
prochain.

9. Tu ne desireras

point la femme d'autruy.
10. Tu ne conuoiteras point ses biens, ny sa maison, ny son seruiteur, ny sa seruante, ny son bœuf, ny son asne, ny chose quelconque qui qui luy appartienne.

bátibou liáni áyoumoulicou.
10. Ikenemapabatibou ti-bouiclibuénapone, limam-miin, labouyou, loubéerou, lilliguini bacachou, bourri-que, aúti touágo láni cou-bae.

Troisiéme entretien.

Lélouanne ariángle.

Demande.

Tai. aetácani.

D Euons nous garder encore quelques autres commandemens ?

Inúra-Kíoua amoin-cou-láKia aonácani ban-han-kia ?

Responce.

Teoucouli.

Ouy nostre Mere l'E-glise vraye Espouse de Ie-sus-Christ nous en fait encore quelques vns.

Inouraim, Kaonaglétou caganolam Eglise huichá-noucou, Christ ianícani a-moin-rouáKia.

Demande.

Tallaquetácani.

Dites-les ?

Arianga baignem ?

Responce.

Teoucouli.

1. Les festes tu sanctifie-ras, qui te sont de com-mandement.

1. Chéoualla-taúba ataqui-mapa báne nhaouágo festes arianga tómptou-mheem boubára Eglise, cachibali

ataguímapa boübali touá-
gon Dieuanche.

2. Nhaouágoba nâle eáchi
touága Dimanche barou ba-
cámba nbelemécberonê pa-
náani, pátri coáKia.

2. Les Dimanches Meſſe
oyras, & feſte de com-
mandement.

3. Echecalécoua taüba. Ka-
riángle bénocaten iri báo-
cheem laricaérocou patrí-
coua ábanakay touágon a-
ban thíric.

3. Tous tes pechez con-
feſſeras à tout le moins
vne fois l'an.

4. Nyáim mhem, louágo
líte Paſque báicouba ána-
cri, lácobou achicahouirou-
tibou.

4. Et ton Createur rece-
uras, au moins à Paſques
humblement.

5. Biámhouri árou Kia lü-
guaneuKê, nhihuéyouli
nhabaxn amoincouáKia fe-
ſtes, ínegle tay álitou Careſ-
me ácabo nenémain.

5. Quatre temps, Vigi-
les, ieuſneras, & la Ca-
reſme entierement.

6. Kaígati baüba houlic
touágon Vendredy, aca ſa-
medy téxric bouirocou, pi-
pou, ac ámien itagatou xo-
natic.

6. Le Vendredy chair ne
mangeras, ny le Samedy
meſmement.

Tallaquerácani.

Catába tebémali nhibó-
nam Kachamaingarátitöü
ton léolam Ichâiri, Egliſe-

Demande.

Quelle recompenſ
auront ceux qui gardent
les commandemens de

Dieu, & de l'Eglise?

Responce.
La vie eternelle, & vne beatitude sans fin.

Demande.
Quels maux encourét ceux qui les transgressét?

Responce.
L'Ire de Dieu, & la damnation eternelle.

Kiaya.
Teoucouli.
Manchonchóntou nhanichí, aca nhaouéregonê nhiouáni imatépúbarou.

Tallaquetácani.
Catába-catou tiouibandbouli nhaouágo maónacatium nhíbonam?

Teoucouli.
Lacayénragonê Ichéiri, ac ámien nhácotoni Kia manchónchoni-barou tírocon ouáttou.

FIN.

E sous-signé Vicaire General de la Congregation de S. Loüis de l'ordre des Freres Prescheurs, permets au R. P. Raymond Breton Religieux de ladite Congregation de faire Imprimer pour l'instruction des Caraibes à la foy Catholique, vne traduction du Catechisme en leur langue, auec le Dictionnaire & les Rudiments de la mesme langue. Fait à Blainville en nostre visite le seiziéme de Septembre 1664.

F. François Penon Vicaire General.

Enregistré au feüillet 9.

F. François Vitou Secretaire.

IL est permis à Gilles Bouquet Imprimeur ordinaire du Roy, d'Imprimer vne traduction du Catechisme, en la langue Caraibe. Fait ce 20. Feurier 1665.

MARIE.

E consens pour le Roy l'Impression d'vne traduction du Catechisme, en la langue Caraibe. Fait ce 20. Feurier 1665.

REGNAVLDIN.

AVX
SAVVAGES.
SONNET.

Pᴬuures gens, que l'erreur & le libertinage
Ont escarté du Ciel, & seduit en ces lieux,
Pour seruir aux Tyrans qui s'erigent en Dieux,
Et qui sous de faux noms s'acquierent voſtre hommage.

Esclaues des Enfers, ouurés, ouurés les yeux,
Vn de vos vrays amis veut calmer cét orage;
Ses fideles écrits & ses trauaux pieux,
Font connoiſtre qu'il veut rompre voſtre esclauage.

Cent autres comme luy deuots, officieux,
Par l'employ de leurs soins les plus laborieux
Auroient voulu du Ciel vous frayer le paſſage:

Mais ce zele produit en ces cœurs genereux
Ne sçauroit empescher qu'il ait cét auantage
De vous tirer des fers & rendre bien-heureux.

I. NOEL.

 | Eyeyé Kani kapoyéntou touágon tinicorámali, tignourá Kêtênni-Kia lichanum Icheiri.

S Il l'homme n'euſt pas bronché,
Ny faſché
Son Seigneur par ſon pe-ché,
La mort ny la maladie
N'auroient pû (vie.)
N'auroient pû nuire à ſa

A Kae Maónaca
Hámouca,
Menepaton hámouca
Ouekélli lika binále,
Liani
Liani-kia limále.

Adam, ſois à Dieu ſou-mis,
Qui t'a mis
Au nombre de ſes amis:
Pour toute recónoiſſáce
Il veut ton
Il veut ton obéyſſance.

Titáleti boari
Bichéiri,
Mignalemba loari:
Adam, chamaingay-nále
Leolam
Leolam coule limále.

Quoy, méprise tu la Loy
De ton Roy
Faite expreſſement pour toy?

ouboutipfeti bonam
Bibonam
Biitecabouli loman,

Toucálébà boïsit ôücoïs bàné?	Celuy qui t'a dôné l'estre
Nichiba	Ne sera
Nichiba bicheïri làne.	Ne sera t'il pas le Maistre?
Niahoüan lit ouàlèmali	Il ne craint point de
	mourir,
Ouekélli,	& perir
Niauoüam lichanoumali :	Par le reffus d'obeyr :
Chioui-káyeu-Kléc-nale	Et, malheur ! dans sa dis-
	grace
Libaignem	Il comprend,
Libaignem méme limàle.	Il côprend toute sa race
Itara likialam !	C'est pour vn conten-
	tement
Ira-lam :	D'vn moment
Licalàleu-Kialam :	Qu'il nous perd si lasche-
	ment,
Lhaouéba loùbàhàignem,	Si Dieu punit sa malice,
Nhankia	N'est-ce pas
Nhankia-kia libàignem.	N'est-ce pas auec iustice
Noutàte baraboule.	Iesus, qui n'est pas tach
Limale	Du peché,
Chefu-oue lioüalále :	Voyant son Pere fasché
Noutatébaribou-Kia,	Pour l'appaiser luy reb
Maria.	l'ame
	Dessus vn
Maria biboüicle-Kia.	Dessus vn gibet infam

Ah! peché que de dou-leurs	Itara-katou-Kayeu
Et de pleurs	Haickeu!
Tu no° suscite d'ailleurs;	Hatêgeu, cheu; hatêgeu,
Tu mets la mort en furie,	Mimeerou, thaouéba,
Mesme, helas!	Caintou
Mesme, helas! contre Marie.	Caintou Koualiouába.
Allons enfans, le ressort	Haouee-çaganum-lam
De la mort	(Tiemlam,
A desia fait son effort;	Ticáli, Huiouinelam)
Allons pleurer nostre Mere,	Kaiman-lenatampinoua,
Regrettons	Tibapoue
Regrettôs nostre misere.	Tibapoue kichanoucou-koua
C'a rentrons au Monu-ment	Tocobou bonanâou
Vn moment,	Monharou,
Nous verrons du chan-gement:	Irheu tagur'aubarou,
car l'ame au corps reünie	Albiye takacot óa,
Reprendra	Noulontou
Reprendra nouuelle vie.	Nouloutou, chaleya-tea;
Ce corps paroist lumi-neux	Ignouraarou tahou
A nos yeux;	Tocobou,

Manla tonamotobou :	Et s'esleue dãs les Cieux,
Chan-tiem, akacochoüa,	Marie est victorieuse
Oubecou	De la mort
Oubecou-rocou bouloüa.	De la mort, & glorieuse.
Boye batikêrouba,	Quoy Boyez, vous re-gardez ;
	Descendez :
Raliba	Vous volez en possedez,
Inoni Katibouba ;	Marie en rognant vos
Callacoua-tiénlo poürna,	aisles,
	Rendra tous
Toroman	Rendra tous vos efforts
Toroman, aka parênna.	foibles.
Kabouaracouati-catou	Ceux qui fascinent vos yeux,
	Vos faux Dieux
Eroutou,	Ne sçauroient monter
Maria mitarantou,	aux Cieux,
[cotta,]	
Nyanquêta taneguê taü-	Où Iesus porte sa Mere
Ro-lanum	Pour briller
Ro-lanü tataganüm-Koua.	Pour briller de sa lumie-
Teboniquê-barou hehue	L'vn & l'autre ont es-crasé
	Et brisé
Illehue	La teste au serpent ruzé
Koyequêtatou huehue,	C'est le sujet de sa haine
Toroya bonale liem	

Contre la ne.	Mapoya
Contre la nature humai-	Mapoya huimale, niem.
Mapoya rugit toujours	Innocate-gatouya
En nos iours :	Mapoya
Redoublés voſtre ſe-	Kibanaκ ê, baoya :
cours,	
Defendez nous, ô Marie,	Mariaoue boucabá-le
Des excez	Liκíbe
Des excez deſa furie.	Liκíbe, loman bonále.
L'oumecou fait des	Cain-cayem oumecou,
efforts,	
Et des torts,	Lapourcou,
Sur la coſte, & ſur les	Ira chaoudi-rocou :
ports	
Si ſa force eſt amarée,	Emepábali lixia
Nous aurons	Boroman
Nous aurons vent &	Boroman, limále-qía.
marée.	
Sainte Mere employez	Chicaletêba qiele,
rous	
Pour nous tous,	Canêle,
Priez voſtre fils pour no⁹ :	Ouaochecm amanle :
Apres luy, par excelléce	Birhaeu coua caga-qía
Vous ſerez	Maria
rous ſerez noſtre eſpe-	Maria, maqínti-qía.
ance.	

Coteme ou bamoucalam	Accordez en ſa faueur,
Bonêlam	Mon Saũueur,
Cheſu huecemeralam :	A ſes deuots le bon-heũ
Aouerecouaqueta-báoua	De mourir en voſtre gra-ce,
Tibapoue	Et de vous
Tibapoue huitatouli-coua.	Et de voˢ voir face à face,
	Ainſi ſoit-il.

Fautes ſuruenuës en l'Impreſſion.

Liſez en l'aduis aux Miſſionnaires, ny morale pour leur côduite, ny ſentimẽt ou apprehenſion des vertus, vices, ou pechez. Et en la page 44. reſpondez, non, mais ſeulement ce qui nous eſt conuenable, & principalement en la forme &c. Les Caraibes n'ont pas l'e feminin à la fin des mots ; Et par conſequent ne connoiſſent, ny vers, ny rimes de cette nature. A l'égard des fautes qui ſont au françois & au Caraïbe ; Ie vous prie mes Reuerends Peres, que vos charitez les excuſent, elles ſont aſſez faciles à connoiſtre. Ie prie Dieu que ce peu ſoit à ſa plus grande gloire, pour voſtre ſatisfaction & pour le ſalut de ſes pauures ames.

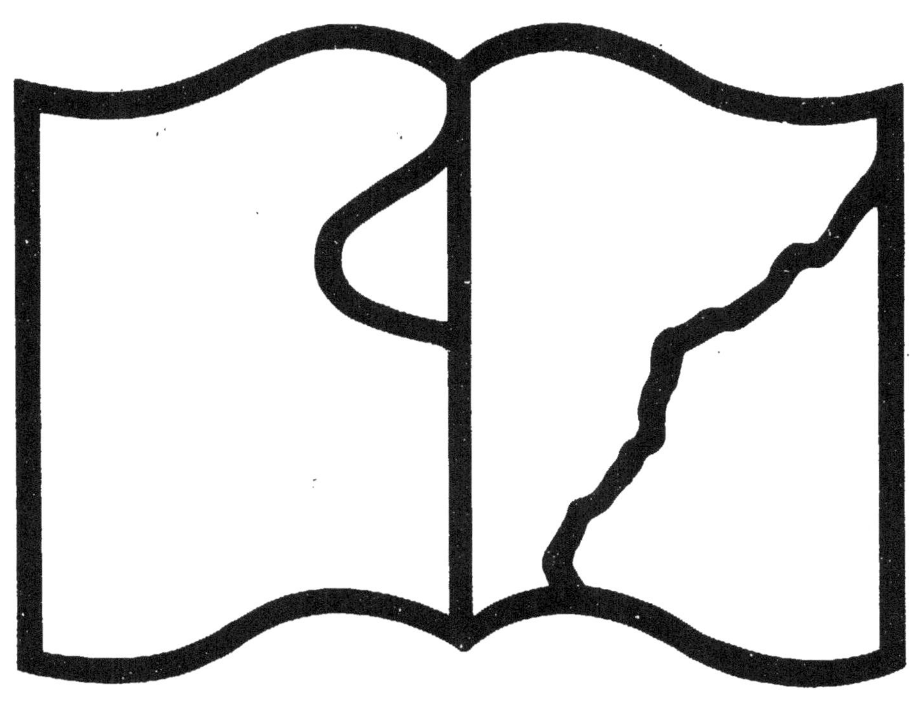

Texte détérioré — reliure défectueuse

NF Z 43-120-11

www.ingramcontent.com/pod-product-compliance
Lightning Source LLC
Chambersburg PA
CBHW051619060726
47597CB00004B/1351